AF330610

ÉLOGE

DE

M. DE SERRE

ÉLOGE

DE

M. DE SERRE

DISCOURS

Prononcé à l'Ouverture de la Conférence des Avocats

LE 26 DÉCEMBRE 1868

PAR

Eugène BOUCHER

Avocat à la Cour Impériale

PARIS

IMPRIMERIE CENTRALE DES CHEMINS DE FER

A. CHAIX ET Cⁱᵉ

RUE BERGÈRE, 20, PRÈS DU BOULEVARD MONTMARTRE.

1869

Je dois remercier ici M. le comte de Serre de
l'empressement bienveillant qu'il a mis à me communiquer la correspondance très-curieuse laissée
en sa possession par son père.

ÉLOGE

DE

M. DE SERRE

Monsieur le batonnier,

Messieurs et chers confrères,

De toutes les grandes existences parlementaires qui ont rempli la première moitié de ce siècle, aucune n'a été plus agitée et plus douloureuse que celle de M. de Serre. Personne n'a plus souffert des malheurs et des incertitudes de notre pays, livré tour à tour aux misères de l'anarchie et aux folies du despotisme. Mais il y a eu pour M. de Serre quelque chose de plus amer que la défaite même de ses idées. Royaliste et libéral, M. de Serre a été forcé de lutter contre les ennemis de la monarchie et les ennemis de la liberté. Dans cette lutte, il a eu le malheur de paraître infidèle aux idées qu'il avait défendues. Après avoir combattu la Révolution dans les rangs de l'émigration, il a été l'adversaire le plus redoutable de la réaction triomphante ; après avoir été le grand ministre libéral de la Restauration, il est devenu l'adversaire du parti libéral et l'un des chefs de la réaction. Ces apparentes contradictions s'expliquent par la croyance où il était que sans la monarchie la France ne pouvait être libre et que sans la liberté, la monarchie ne saurait vivre en France.

N'êtes-vous pas émus, Messieurs, et comme saisis de tristesse devant la destinée de cet homme, que son libre esprit, son noble caractère et l'éclat même de son talent devaient attacher à la cause de la liberté, mais qui, voyant les amis de la liberté lever les armes contre la monarchie et s'égarer dans d'impures alliances, a cru que son devoir lui commandait de se jeter dans la réaction et de lui sacrifier même sa propre gloire ?

Que n'eût point fait un tel homme dans un pays où les partis auraient cessé d'être dangereux soit à la liberté, soit à la monarchie, et où la nation, précédée de ses chefs naturels, s'avancerait d'un pas tranquille et ferme dans la voie des réformes ! Mais il n'est donné à aucun homme de choisir ni le temps ni le pays où il voudrait exercer son action. D'ailleurs M. de Serre n'a pas dû regretter de vivre dans une époque qui impose la lutte, et parfois une lutte sans espoir, aux amis de la liberté constitutionnelle. M. de Serre a aimé la lutte ; il y a porté toute l'énergie et toute la sincérité d'une âme ardente. Les partis, qu'il n'a point épargnés, ne lui ont ménagé ni l'injustice ni même la calomnie. Après avoir connu tous les triomphes de la gloire et les douceurs de la popularité, il est mort accablé de tristesse et désespérant de la France. Sa jeunesse s'était passée dans l'exil où l'avait jeté la Révolution : la réaction l'a laissé mourir sur la terre étrangère, dans une solitude qui ressemblait à un exil.

Mais les rancunes des partis doivent s'apaiser devant

un tombeau. Tant de malheurs et tant de révolutions qui ont suivi la mort de M. de Serre nous auraient-ils aissé ignorer que la sincérité et le désintéressement sont des vertus assez rares pour qu'il les faille admirer, même chez nos adversaires? Les erreurs et les fautes de M. de Serre seront donc oubliées; sa vie, chaque jour mieux connue, a déjà reconquis la faveur publique; sa gloire se dégage des obscurités qui nous la dérobaient et son nom reste désormais attaché aux lois libérales de 1819.

L'éloquence de M. de Serre a été au-dessus de toutes les attaques. Ceux-là mêmes qui en ont le plus souffert n'ont pu s'empêcher de l'admirer. Ces discours, qui ont retenti dans l'âme de toute une génération aujourd'hui presque disparue, sont étudiés à nouveau par une génération nouvelle qui veut être libre. Elle admire la beauté de cette œuvre parlementaire, elle en recueille l'enseignement et elle ne s'étonne pas que, dans un temps où brillaient les Royer-Collard, les Foy, les Manuel, les Chateaubriand, M. de Serre ait mérité d'être appelé le premier des orateurs de la Restauration.

Pierre-François-Hercule de Serre naquit à Pagny, près Pont-à-Mousson, en 1776, à la limite même de l'ancien régime et du nouveau. Il descendait d'une famille de gentilshommes qui avaient exercé de hautes fonctions dans les conseils et à la cour souveraine du duché de Lorraine. Son père était officier de cavalerie au service de France. Dans cette modeste et noble maison, les mœurs et les traditions du passé s'étaient conservées intactes; la fidélité au roi n'avait pas cessé d'y être considérée comme le plus sacré des devoirs. A une époque où, même à la cour, les abus étaient vivement attaqués par une société sceptique et frondeuse qui devait elle-même disparaître dans l'écroulement du vieil édifice, M. de Serre apprit à respecter l'antiquité des institutions sous lesquelles, pendant des siècles, sa patrie avait marché forte et glorieuse au premier rang des nations. La réflexion, éveillée chez lui de bonne heure au contact du grand événement qui allait s'accomplir et dont il devait souffrir un des premiers, ne fit que développer ces sentiments, fruit d'une éducation conforme à ses goûts et aux tendances naturelles de son esprit.

La Révolution le surprit à l'école militaire de Pont-à-Mousson, où il venait à peine d'entrer. Il avait quinze ans en 1791, lorsque son père lui ordonna de rejoindre les princes émigrés. Il obéit, le cœur déchiré. Sa nature sérieuse lui faisait ressentir déjà l'amertume de l'exil. Et quel exil! la guerre contre sa patrie. Dans les camps de l'armée de Condé, il consacra ses loisirs à l'étude. La littérature et la philosophie de l'Allemagne convenaient à son esprit méditatif. Il prit peu à peu l'habitude de réfléchir sur les idées plutôt que sur les faits : qualité et défaut tout à la fois dont on retrouve l'empreinte dans la suite de sa vie.

Rentré en France après un long exil, M. de Serre se fit inscrire au barreau de Metz, où ses débuts le placèrent au premier rang. Il a toujours gardé pour notre profession un véritable culte. Dans les dernières années de sa vie, après avoir pris une part prépondérante au gouvernement, il disait que de toutes les grandeurs qu'il avait connues, aucune n'avait eu pour lui l'attrait de la noble indépendance de l'avocat. Si les médecins le lui eussent permis en 1822, lorsqu'il quitta le pouvoir, il se serait fait inscrire au barreau de Paris, demandant un refuge à cette indépendance qui laisse à tous ceux qui l'ont une fois connue, et qui ont été dignes de la goûter, un même souvenir ineffaçable dans les divers chemins de la vie. Au surplus, l'antiquité de cette profession, son traditionnel courage, la sévérité de mœurs qui convient à l'avocat, allaient merveilleusement à la complexion morale de M. de Serre.

Il quitta pourtant le barreau pour devenir premier avocat général à Metz, puis premier président à Hambourg. De telles fonctions s'accordaient alors avec ses sentiments, car il a eu son heure d'admiration pour l'éclat et la force du gouvernement impérial. Il trouvait même une sorte de grandeur séduisante dans la hauteur avec laquelle Napoléon exerçait son pouvoir. Les événements devaient le rendre plus sévère : c'est lui qui a appelé ce gouvernement « un mécanisme » qui tendait « à bannir de la société humaine la raison, le sentiment et la pensée. »

C'est en effet une chose décevante de se confier au pouvoir absolu ! On n'éprouve pas, à l'heure inévitable des revers, cette amère et pourtant profonde consolation des amis de la liberté vaincue : la conscience de s'être attaché à une grande cause. Il y eut pour M. de Serre comme une expiation de sa courte erreur dans le spectacle des rigueurs militaires exercées sous ses yeux, et qu'il s'efforça, dit-on, de tempérer par son autorité active et conciliante ; dans sa fuite de Hambourg devant les armées ennemies, qui répondaient à une orgueilleuse et vaine politique par l'humiliation de la France.

Aussi éprouva-t-il une joie bien vive quand le retour des Bourbons, apportant à la France des promesses de paix et de liberté, lui rendit à lui-même l'objet d'un culte ancien, auquel il voua désormais une fidélité inviolable. Il porta cette fidélité jusqu'au courage quand, au 20 mars, Napoléon vint de nouveau troubler l'Europe. M. de Serre, alors premier président à Colmar, réunit sa Cour, la harangua publiquement, l'exhorta à la fidélité et à la résistance, protesta contre la violation des traités et du repos de la France ; puis, tristement convaincu de l'impuissance de ses efforts

et de son isolement dans la foule des cœurs abattus ou
hostiles, il se démit de ses fonctions et attendit la fin de
cette aventure. Au milieu du honteux spectacle que donnait alors à l'Europe la magistrature française, c'est sans
doute une exception consolante, mais que je n'ai point à
louer en M. de Serre, car ce serait dégrader la loi morale
que de faire une vertu aux grands caractères de ce qu'ils
savent se garder de la servilité changeante des âmes vul-
gaires et de la bassesse empressée des petites ambitions.

Bassesse et aveuglement ! car l'Empire devait infaillible-
ment s'abîmer une deuxième fois dans le grand désastre
militaire de la France !

La chute de l'Empire fut le signal d'une sorte de réveil.
Tout ce qu'il y avait en France d'esprits honnêtes et sen-
sés se mit à appeler la liberté comme le seul remède
aux maux effroyables qu'avait causés le despotisme. Depuis que l'esprit de 1789 avait animé la France, tous les
gouvernements avaient parlé de liberté, mais combien
l'avaient pratiquée? Le despotisme conventionnel et la dic-
tature impériale s'étaient jetés au travers de l'élan d'une
grande nation, et tantôt en sacrifiant tous les droits à
ses passions les plus ardentes, tantôt en flattant sa vanité, avaient détourné dans un lit étranger ce puissant
courant. On n'avait pas encore connu en France le régime
civil et légal, ce système de gouvernement pacifique et
progressif qui accélère, tout en les réglant, les mouvements
d'une société active, assure la sécurité à tous les droits
et à tous les intérêts, a pour principe la justice et pour fin
la prospérité. Après avoir entrevu et un instant poursuivi
ce but, la France en avait été detournée par vingt-cinq ans
de guerre sociale et européenne. Tous les ressorts du pouvoir avaient été tendus à l'excès et les citoyens avaient perdu
l'esprit public pendant que les âmes s'étaient énervées.

Mais quand une nation n'est pas sur son déclin, les fureurs despotiques des masses et les folies du pouvoir personnel ne peuvent avoir d'autre effet que de la ramener aux sages idées de liberté constitutionnelle, réglée par des lois équitables. C'est ce sentiment qui a fait en 1815 toute la force de la royauté. On ne pouvait se passionner pour le drapeau blanc ni pour la dynastie des Bourbons; mais les hommes modérés avaient confiance en la Charte qui promettait le règne du droit : ils comprenaient que le despotisme ne pourrait plus appartenir à ces descendants des anciens rois qui avaient besoin, pour se faire accepter, de donner tant de garanties.

Malheureusement, au moment même où la nation, lassée de l'anarchie et désabusée de la gloire, semblait le mieux préparée à recevoir des institutions pacifiques et libérales, les vaincus de la Révolution rentraient en France portant dans le cœur le ressentiment de la défaite, une soif ardente de venger d'odieuses proscriptions, l'énergie des vieux principes et la confiance de restaurer, avec la maison royale, les priviléges abolis.

On vit alors la difficulté de terminer les révolutions. La France se souvient de cette époque où les proscrits ont voulu proscrire à leur tour. L'injustice et la vengeance siégèrent dans les commissions prévôtales comme elles avaient autrefois siégé dans les tribunaux révolutionnaires. Étrange spectacle que donne parfois la nature humaine ! Le moraliste aurait observé que l'éducation n'a plus de prise sur des cœurs où domine la vengeance. Jamais mœurs si élégantes ne s'étaient unies à une cruauté si impitoyable; jamais tant d'honneur à tant de bassesse, une telle générosité loyale à un tel laisser-aller des passions.

Et combien plus dangereuses étaient ces passions contre-révolutionnaires au sein de l'abattement général ! Épuisée par les excès du despotisme, stupéfaite du retour triomphant des ennemis de la Révolution qu'elle avait crus à jamais vaincus, la nation, les yeux fixés d'un côté sur la Charte et de l'autre sur la réaction, n'osait se livrer tout entière à l'espérance des libertés promises. Avide de repos et fortement attachée aux conquêtes de la Révolution, elle se cherchait pour ainsi dire au milieu de tant de fortunes si diverses, et, incapable encore de juger les événements, elle attendait, attentive aux choses et aux hommes, sans leur résister ni les soutenir.

Son attention reconnaissante se fixa bientôt sur un petit groupe d'orateurs et de publicistes qui opposaient le bon sens, le courage et le patriotisme aux fureurs triomphantes de la réaction. Ne comprenez-vous pas quels sentiments durent exciter dans le pays tout entier les efforts de cette minorité de 1815? N'avons-nous pas assisté nous-mêmes à cette lutte intrépide et glorieuse de quelques hommes contre une Assemblée? Et ne suivons-nous pas avec une émotion reconnaissante les péripéties d'un de ces grands combats où le droit triomphe à la fin de la coalition des hommes et des événements? Aussi glorieuse et aussi populaire était la minorité de 1815. M. de Serre fut l'un des orateurs les plus éloquents de cette minorité. Sa famille, ses alliances, ses amitiés, le rattachaient au parti ultra-royaliste; mais il était trop élevé d'esprit, trop généreux de cœur, trop dévoué aux Bourbons pour s'associer à des idées, à des passions, à des crimes qui perdaient la monarchie. « Sans doute, écrivait-il dans une lettre intime (1),
» il m'est pénible de lutter contre ceux vers lesquels
» me rattache toute ma vie passée. Il m'est plus pénible
» encore d'être prôné par des hommes dont je déteste et
» la conduite et les principes... Je n'ai jamais compté que

---

(1) Colmar, 21 juillet 1816, lettre inédite.

» la route du devoir serait semée de fleurs, mais j'y suis.
» Priez seulement Dieu qu'il me donne la force de m'y
» tenir. »

Ce douloureux partage entre le cœur et la conscience n'a pas un seul instant glacé son âme dans le
combat. Dès qu'elle s'est fait entendre, la parole de
M. de Serre a soulevé des tempêtes. Nous l'avons vu,
Messieurs, c'est une rude tâche de parler justice et
prudence à un parti qui n'a d'autre sentiment que celui
de sa force ; de rappeler à la gravité de leur mission des
législateurs qui font des lois sans souci de leur responsabilité. C'était une rude tâche en 1815 d'élever la voix cha-
jour pour rassurer les intérêts et les hommes de la Révolution, au milieu d'une assemblée que poussait à des
fureurs quotidiennes la haine implacable de la Révolution. Les anciens compagnons d'exil de M. de Serre ne
ménageaient guère l'orateur qui leur donnait d'aussi
sévères leçons. On l'accueillait par des murmures : un
jour on espéra l'intimider par une scène violente suivie
d'un rappel à l'ordre. Mais il n'était pas possible de dé-
concerter cet orateur toujours intrépide parce qu'il était
toujours sincère, toujours éloquent parce que, chez lui,
la parole n'était que l'élan d'une âme ardente et passionnée pour la justice.

Dans cette lutte contre une majorité qui alarmait et
irritait le pays sans le soulever, M. de Serre comprit
que son plus solide appui se trouvait dans la royauté.
C'était l'intérêt de la royauté de séparer sa cause aux yeux
du pays de la cause et des excès du parti ultra-royaliste.
Le ministère du duc de Richelieu, quoique disposé à prê-
ter aux hommes modérés toute la force de la couronne,
n'osait traiter en ennemis des hommes qui seuls ou presque
seuls avaient gardé le culte de la monarchie légitime. M. de
Serre le reprenait parfois de cette faiblesse, et, portant plus

haut ses regards, ne cessait d'appeler à son aide la sagesse
du monarque auteur de la Charte.

Cet appel à l'obéissance monarchique irritait les ultra-
royalistes sans pouvoir les contenir. En face de la préro-
gative royale qui gênait leurs passions, ils ne craignirent
pas de placer les prérogatives d'un parlement où ils étaient
en majorité. Les rôles des partis se trouvaient intervertis.
Tandis que M. Chateaubriand, dans un puissant pamphlet,
réclamait l'énergie entière des pratiques constitutionnelles,
tout le parti constitutionnel revendiquait sans cesse la
monarchie.

Les idées que s'était faites M. de Serre sur l'aristocratie, sur le rôle des partis, sur la mission du pouvoir
royal, devaient le conduire à ériger en théorie ce qui
n'était, aux yeux de ses amis, qu'une politique de circon-
stance : « En France, disait-il, nous n'avons point d'aris-
» tocratie, ou du moins elle commence à peine à se relever
» dans l'institution de la pairie. » De cette absence
d'une aristocratie, M. de Serre déduisait la nécessité im-
périeuse d'une royauté fortement constituée au moins
pour le présent. « Je sais, ajoutait-il, qu'on cite l'Angle-
» terre où, sans inconvénients, les Communes proposent
» la loi. Je réponds que la France n'est pas l'Angleterre,
» que l'Angleterre n'est point une monarchie ; que notre
» royauté, notre Charte, ne sont ni la royauté ni la consti-
» tution anglaises. En Angleterre existent des partis tout
» formés ; existant depuis longtemps, ils sont sans danger :
» ils se sont pour ainsi dire incorporés à la Constitution,
» qu'ils ont modifiée tour à tour, dont ils forment en quel-
» que sorte les éléments. Le Roi, qui par la nature des
» choses ne peut choisir ses ministres que parmi les
» chefs de l'un ou l'autre parti, joint l'influence de la cou-
» ronne à la leur, acquiert la prépondérance, et, rétablis-
» sant l'unité, ressaisit ainsi, de fait, bien que médiate-

» ment, la proposition exclusive de la loi, le gouverne-
» ment.

» En France, rien de tout cela ; il ne nous faut point de
» partis. S'il en existait le Roi devrait planer sur tous, les
» dominer tous également. En France, la royauté ne doit
» point être inerte, immobile, mais agissante ; elle ne doit
» point se cacher sous le voile, ou, comme l'a dit un député,
» *dans les nues*, elle doit paraître incessamment, elle doit
» briller, et briller seule aux yeux de tous (1). »

Vous comprenez, Messieurs, ce qu'il y avait d'imprévoyance et de contradiction à vouloir fonder le gouvernement libre sans partis politiques et sans intervention
active du parlement. M. de Serre devait être un des premiers à sentir, avec amertume, l'incurable faiblesse d'un
gouvernement qui ne peut s'appuyer sur un parti puissant et résolu. Plus d'une dynastie en France devait
éprouver que, lorsque le roi ne se cache point sous le
voile, selon le vœu de M. de Serre, c'est lui seul que l'on
voit et lui seul que l'on attaque ; que lorsqu'il paraît incessamment et brille seul aux yeux de tous, tout s'éclipse
le jour où il a cessé de briller. Peut-être Louis XVIII
n'était-il pas indigne de la confiance que M. de Serre
voulait mettre dans la royauté. Avec une grande opinion
des droits de sa race et malgré un dédain aristocratique
pour les idées modernes, le roi Louis XVIII était avant
tout un prince sage et observateur, ayant le sentiment de
l'opinion publique, plus jaloux des apparences que de la
réalité du pouvoir, enfin le seul roi de France qui ait su
être un roi constitutionnel, et aussi le seul qui soit mort
sur le trône depuis 1789. Mais derrière Louis XVIII se
trouvait Charles X, qui devait porter dans le gouvernement tous les préjugés et tous les désirs d'un parti in-

____

(1) Discours de M. de Serre.

sensé, et qui, par cette obstination à la fois puérile et
audacieuse qui tient lieu de caractère aux hommes faibles
et vains, était destiné à perdre la dynastie que l'esprit
modéré de Louis XVIII avait tant contribué à rétablir.
Qu'aurait fait M. de Serre de sa théorie sur la royauté
agissante, si, pendant qu'il la proclamait à la tribune,
Louis XVIII, succombant à ses maux, eût laissé l'héritage
royal au comte d'Artois, le chef et l'espoir du parti que
M. de Serre combattait ?

Le bon sens et le libéralisme de M. de Serre devaient
faire bientôt fléchir la rigueur de sa théorie. Quand M. Decazes, inquiet pour les Bourbons de l'audace de la réaction, eut fait rendre la fameuse ordonnance de dissolution,
les électeurs, désormais avertis, envoyèrent à la Chambre une
majorité modérée, composée de ces conservateurs honnêtes
qui ont le goût du contrôle sans avoir toujours la prévoyance
de l'exiger, et la haine des passions anarchiques sans
avoir le courage de leur opposer leurs propres forces. De
telles dispositions, pour indiquer un caractère médiocre,
n'en ont pas moins leur source dans des sentiments salutaires. Ceux qui n'en tiennent pas compte ne sont pas
des politiques. Il était naturel que, rassuré sur l'esprit du
parlement, M. de Serre fût disposé à lui accorder une
part plus large dans les affaires.

Cependant il ne le faisait qu'avec une circonspection et
une mesure qui pourront paraître excessives aux partisans
de la liberté. C'est un spectacle curieux que celui des
perplexités de ce noble esprit, placé par sa nature et par
les événements sur la pente des institutions représenta-
tives, arrêtant son parti, se retenant lui-même; tour à
tour poussé par les conséquences de la Charte et par sa
propre situation, et contenu par une sorte d'inquiétude
instinctive qui lui venait autant de son attachement à la
liberté que de son dévouement au roi. On suit, en lisant

les discours de M. de Serre pendant la session de 1816, les progrès de son esprit : on le voit tantôt luttant contre les envahissements du parlement, tantôt laissant entrevoir dans l'avenir l'extension de la Charte elle-même ; faisant appel au pouvoir personnel du monarque, accordant au ministère des lois d'exception sur la seule garantie de la sagesse royale, mais rappelant aux ministres leur responsabilité, les menaçant de l'accusation s'ils abusaient des armes remises entre leurs mains.

Bien qu'il fût, dans cette session de 1816, le plus jeune membre de la Chambre, M. de Serre en fut élu président, tant étaient grandes déjà l'autorité de son caractère et la puissance de sa parole.

A la voix de ses orateurs la France se reprenait à aimer la liberté. Le mouvement des esprits, toujours mal comprimé en France, commençait à redevenir le goût et l'honneur de notre pays. Partout se lève une génération jeune et ardente, pressée d'agir, et qui doit éclairer à nouveau toutes les routes de l'esprit humain. Le réveil des sentiments populaires accompagne l'élan des esprits cultivés. Une vive ardeur d'opposition éclate au sein des masses, aussi bien que dans le cercle de la société choisie qui se presse dans le salon de Mme de Stael ou chez M. de Talleyrand. La politique incertaine du ministère devient l'objet des plus amères critiques. On s'entretient à voix basse de l'humiliation de la France occupée par les armées étrangères : peu s'en faut qu'on n'accuse le gouvernement de cette humiliation et qu'on n'oublie l'auteur de tant de maux et de tant de honte. Les souvenirs encore vivants des excès commis en 1815 entretiennent l'irritation contre le parti ultra-royaliste, désormais réduit à l'impuissance dans la Chambre, mais encore maître, presque partout, des administrations locales.

Comme il arrive dans tout pays qui n'est point asservi, à ce sentiment de la nation correspond un parti politique. C'est dans la session de 1816 qu'apparaît pour la première fois ce parti qui luttera un jour si ardemment contre M. de Serre, parti destiné à grandir rapidement, à devenir populaire et à renverser le trône des Bourbons. Il s'appelle le parti des indépendants et compte à ce moment dans ses rangs, à la Chambre des pairs, M. le duc de Broglie, qui doit bientôt s'en séparer; à la Chambre des députés, MM. Laffitte et d'Argenson ; en dehors des Chambres, MM. Benjamin Constant, Manuel et la Fayette : hommes d'origines, d'opinions et de desseins profondément divers: les uns attachés sincèrement à la légitimité, les autres sans attachement ni répugnance, quelques-uns révolutionnaires; l'un d'eux, Manuel, engagé déjà dans des conspirations. Quand s'ouvrit la session de 1817, M. de Serre, de nouveau président, put dire avec raison que la liberté constitutionnelle était devenue le principe le plus énergique des sentiments.

Entre les indépendants et les ultra-royalistes, vient prendre place, en 1817, un parti, et plutôt une secte qu'un parti, qui se donne pour mission de conclure la paix entre le passé et le présent de la France : j'ai nommé les doctrinaires. M. de Serre a été trop intimement uni aux doctrinaires pour qu'il me soit permis de les passer sous silence. Le jour de l'histoire est arrivé pour eux et l'on peut, sans crainte de déception, exprimer le sentiment d'admiration sympathique que l'on éprouve pour ces grands esprits. Il n'est guère à redouter au surplus que leur exemple égare notre génération, s'il est vrai qu'ils se soient trompés : leur caractère, qualités ou défauts, est fort éloigné de celui de notre temps.

Hommes d'étude et de spéculation par la nature de leur esprit, hommes politiques par ambition d'influence plus encore que de pouvoir, appliquant leurs vastes connaissances d'histoire et de philosophie à observer profondément les événements et les hommes, attentifs aux faits sans s'y asservir, modérés par force d'esprit, novateurs sans imprévoyance et conservateurs sans routine, les doctrinaires, assurés de leur supériorité, qui n'était pas même contestée, portaient dans leur opposition, comme ils devaient porter plus tard dans le gouvernement, une indépendance et un dédain qui devaient les tenir isolés au milieu des partis. Ils n'ont agi sur les hommes que par une sorte de contrainte morale qui n'était jamais acceptée sans un secret dépit. Si on ajoute qu'ils ont passé leur vie à défendre d'un esprit absolu la conciliation entre des principes et des intérêts parfois contradictoires, on comprendra les animadversions dont ils ont été l'objet. Mais leur gloire, leur titre incontestable à la reconnaissance de la postérité, ç'a été l'enseignement politique élevé qu'ils ont donné à la France par la presse et par la tribune. C'est surtout par là que M. de Serre s'est attaché à eux. Il a beaucoup aimé ce commerce d'esprits d'élite où sa pensée puisait des matériaux pour la méditation. Il était touché aussi de leur désir sincère de réaliser une transaction qu'il souhaitait lui-même ardemment.

Mais, bien qu'il fût en relation intime avec ce parti, il s'en distinguait par quelques côtés : il disait lui-même : « Je partage leurs opinions, mais je suis plus jurisconsulte. » Cela voulait dire sans doute qu'il acceptait plus volontiers les points de départ législatifs ; qu'il puisait plutôt dans la Charte, et ses amis plutôt dans leur raison ; qu'il avait moins de hardiesse. La vérité est qu'il était plus royaliste : la légitimité était pour lui un principe et pour eux une utile institution.

La politique des doctrinaires, en 1817, était de mettre à profit les divisions en substituant la lutte des partis à l'hostilité des classes, le mouvement de la liberté à la fureur de la guerre sociale. Après avoir soutenu le ministère, ils en étaient arrivés à perdre en lui toute confiance, le voyant de plus en plus indécis, et ils lui reprochaient avec àpreté cette politique sans pensée, sans volonté, flottante entre des partis contraires, cette politique que M. Camille Jordan flétrissait d'un mot qui alors fit fortune: il l'appelait « un constitutionnalisme bàtard, » que la nation, ajoutait-il, avait pris en dégoût déclaré.

Au contact de tels hommes, qui ne tenaient point comme lui à l'ancien régime par de puissantes attaches, M. de Serre s'était peu à peu enhardi. Sa position de président de la Chambre lui imposait une réserve plus prudente et une plus grande modération de langage : mais tout en contenant ses sentiments, tout en observant, en écoutant, en comparant, il manifestait ses tendances de plus en plus libérales, approuvait publiquement ses amis, et se mettait même volontiers en rapport avec les membres du parti indépendant.

La session de 1817 s'acheva au milieu d'une anxiété générale. Les élections de 1818 envoyèrent à la Chambre MM. de la Fayette et Manuel. Un ministère qui avait rendu d'immenses services au pays, introduit l'ordre dans les finances, élargi le suffrage, mis l'armée en harmonie avec la nation, délivré le sol français de l'étranger, chancelait, impuissant et divisé. Parmi les ministres, les uns voulaient accéder, les autres résister aux vœux de la nation. La Restauration était arrivée à une de ces époques décisives où un gouvernement tient son sort en sa main. Après une longue crise ministérielle, véritable drame de palais dans lequel étaient jouées les destinées de la France, le public apprit avec joie que la fraction libérale du ministère l'avait emporté. Le général Dessoles accepta la mission de former un cabinet ; M. Decazes resta aux affaires et M. de Serre devint garde des sceaux.

Le cabinet du duc de Richelieu n'avait succombé à aucune intrigue : il s'était usé au grand jour et retiré devant les dispositions du pays. Quant au cabinet dont M. de Serre faisait partie, il comptait dans son sein plusieurs hommes distingués et justement populaires : le général Dessoles, célèbre par son rôle en 1814 auprès de M. de Talleyrand; M. Decazes, ministre de l'intérieur, en qui chacun voyait le ministre dirigeant, politique de bon sens, libéral sans théorie, habile aux détails de l'administration et au maniement des hommes, sachant leur plaire par le charme de son commerce et de sa personne, les concilier par la modération de ses vues; du reste, odieux aux royalistes et cher à la nation par l'ordonnance du 5 septembre; puissant par la faveur du roi; le maréchal Gouvion Saint-Cyr, dont le nom seul était une garantie aux yeux de l'opinion publique; M Louis, financier plein de ressources et de probité : à côté d'eux les doctrinaires, M. Royer-Collard, M. Camille Jordan, M. Guizot, déjà célèbre malgré sa jeunesse. Au milieu de ce brillant état-major politique, M. de Serre, l'orateur le plus éloquent de ce temps, investi de l'autorité du caractère et du talent. Le nouveau garde des sceaux était dans cette disposition active et confiante que donne le pouvoir : il croyait à l'efficacité de la parole pour gouverner les États; la Providence lui avait départi largement cette faculté puissante, il voulait l'employer à fonder la liberté. Jamais ministre n'est arrivé au pouvoir le cœur rempli de plus belles espérances ni animé d'une plus noble ambition.

Mais c'est ici, Messieurs, que M. de Serre devait reconnaître la vanité de sa théorie de 1815, et la situation précaire d'un gouvernement qui ne peut se confier à un parti puissant. Le nouveau ministère n'était maître d'aucun parti dans la Chambre. Le centre n'était point, à vrai dire, un parti : composé de gens timides, il ne pouvait à lui seul soutenir un ministère qu'il n'avait pas fait. La droite était une ennemie qu'on ne pouvait espérer de ramener. C'est à gauche que M. de Serre plaça tout d'abord son espérance. La pensée de rattacher les indépendants à la légitimité à force de libéralisme avait quelque chose de hardi qui le séduisait. Dès son avénement, il ne craignit pas de faire des avances aux hommes de la gauche, disant même à quelques-uns en leur serrant la main : « Je suis arrivé au ministère avec vous et j'y » marcherai avec vous. »

Tandis que M. Decazes, d'accord avec le roi, persistait dans ce système de temporisation et de conciliation où il excellait, M. de Serre saisissait l'occasion d'engager le cabinet par des déclarations hardies, des coups portés à la droite, de chaleureuses promesses à la France libérale. Les applaudissements d'une grande partie de la Chambre et des tribunes l'avertirent qu'il était entré dans le sentiment public. Le roi et le ministère, d'abord mécontents, résolurent de mettre à profit la popularité de M. de Serre, et dès ce moment l'opinion publique vit avec raison dans le nouveau garde des sceaux le véritable chef du cabinet.

Vous comprenez, Messieurs, quel profond dépit, quelle irritation croissante causaient aux ultra-royalistes les triomphes de cet émigré, qui prétendait gouverner par la liberté avec leurs ennemis, qui les attaquait sans ménagement, démasquait avec un emportement éloquent leur faux libéralisme et qui, imprudemment provoqué par eux, les dénonçait au pays comme les auteurs ou les complices des assassinats du Midi. La proposition Barthélemy, qui demandait la modification de la loi électorale du 5 février 1817, fut la déclaration de guerre du parti. Bien que M. de Serre eût blamé en 1817 le principe de la loi, il en avait cependant voté les dispositions. D'accord avec ses collègues, il n'hésita pas à la défendre. La proposition Barthélemy fut rejetée. L'attitude résolue de M. de Serre lui valut un plus grand renom de libéralisme et accrut encore sa popularité.

Dans l'administration intérieure de son département, M. de Serre n'agissait pas moins qu'à la tribune. Pour comprendre l'idée qu'il se faisait d'un garde des sceaux, il faut lire cette admirable circulaire qu'il adressa aux procureurs généraux et qui est digne de devenir le manuel des parquets. Avec un soin minutieux, une prévoyance qui ne dédaigne pas les détails, une netteté et une fermeté qui ne laissent plus d'excuse à l'ignorance du devoir, il recommande aux procureurs généraux la circonspection dans les arrestations, la rapidité des instructions, la modération dans l'application des rigueurs de la loi. « Les magistrats préposés à la défense de la paix et
» des mœurs publiques, des droits et des propriétés de
» tous, dit-il en terminant cette circulaire, doivent n'oublier
» blier jamais qu'un de ces droits les plus chers, une de
» ces propriétés les plus précieuses est la liberté indivi-
» duelle ; que sous la Charte qui la garantit, elle ne doit
» éprouver ni redouter aucune atteinte ; que personne,
» pour parler le langage de la Charte, ne peut être pour-
» suivi ni arrêté que dans les cas prévus par la loi et
» avec les formes qu'elle a prescrites ; et qu'alors même
» qu'il est indispensable de déployer la sévérité des lois,
» il la faut concilier avec les droits de l'humanité (1). »
Belles paroles, Messieurs, qui méritaient de vous être rapportées, parce que vous vous faites une gloire d'opposer, en toute rencontre, les droits de l'humanité à la sévérité des lois.

---

(1) Circulaire du 10 février.

Mais le véritable titre d'honneur et en même temps le plus grand acte du ministère de M. de Serre, ce sont les lois sur la presse. Le plus bel éloge qu'on ait fait de ces lois a été de les comparer à toutes celles qui les ont suivies. L'histoire politique de notre pays pourrait se résumer dans cette comparaison. Et comment se défendre d'une amère tristesse en voyant le chemin que nous avons parcouru ! — Parlant de l'œuvre politique de Barnave et de Mirabeau, le général Foy disait en 1825 à M. Villemain : « Il nous faut maintenant quelque chose
» de plus précis et de plus pratique. Il ne s'agit plus des
» *droits de l'homme*, mais de garanties légales bien dé-
» terminées pour le citoyen ; pas de tribunaux d'excep-
» tion, commissions militaires ou autres : personne dis-
» trait de ses juges naturels ; le jury pour tous les crimes
» et délits politiques, et les délits de la presse compris
» dans cette catégorie. Tout cela est simple et d'une logi-
» que usuelle ; tout cela se coordonne et se tient. De
» Serre a posé là-dessus les vrais principes, et, il faut
» en convenir, admirablement. Je ne connais rien en
» débats législatifs au-dessus des mémorables discussions
» sur la loi de la presse en 1819 : ce sont des vérités ac-
» quises. Un peuple serait bien à plaindre de les oublier
» jamais. Il peut y avoir ensuite des réactions, des revire-
» ments de majorité, des mutilations partielles du droit,
» mais le principe est fondé et ce qui en reste ramènera
» tôt ou tard ce qu'on a perdu (1). »

Que dirait le général Foy, s'il revenait parmi nous ? Que lui semblerait-il des vérités acquises et des principes solidement fondés ? Et qui de vous, Messieurs, après avoir relu les admirables discours de M. de Serre pour les lois

---

(1) M. Villemain. — *Souvenirs contemporains*, tome 1.

sur la presse ou le bel exposé des motifs de ces lois ne
serait humilié de lire les pauvres écrits où l'on démontre
de nos jours que la presse peut être libre sans le jury et
que les tribunaux ordinaires sont les juges naturels des
délits politiques? Le souffle puissant qui animait la France
en 1819 serait-il donc à jamais éteint? Non, Messieurs, j'en
atteste votre émotion au souvenir des glorieuses époques
de notre histoire! Tant de recherches, tant de mouvement
des esprits, tant de vérités débattues, tant de mensonges
réfutés, tant de luttes de doctrines et de conduites, tout cela
ne saurait être perdu. Ce n'est point quatre-vingts ans après
la Révolution de 1789 que la France pourrait se résigner à
vivre silencieuse et mutilée. « Il peut y avoir, disait le
» général Foy, des mutilations partielles du droit, mais ce
» qui subsiste ramènera tôt ou tard ce qui a été perdu. »

M. de Serre, en établissant la compétence du jury,
inaugura la liberté de la presse en France. La presse avait
été jusqu'alors enchaînée, et, comme il arrivera toujours,
cet asservissement n'avait été que l'oppression d'un parti
et la licence d'un autre. La magistrature, pas plus que
les commissions, n'avait évité cet écueil. M. de Serre en
avait été frappé au point d'écrire en 1817 à M. Royer-
Collard : « Il ne reste qu'à protéger ceux qui soufflettent
» les écrivains et leur crachent au visage; il y aura mal-
» heur si l'on ne réussit ainsi à leur fermer la bouche (1). »
Aussi, dès la session de 1817, les doctrinaires avaient
réclamé le jury : sur cette question, tous les hommes du
parti libéral étaient d'accord. De nos jours, les esprits
libres et éclairés ne discutent même plus l'incompétence
des tribunaux correctionnels en cette matière. Mais admi-
rez, Messieurs, l'effet des réactions violentes pour l'ins-
truction d'une nation : pendant que la législation nous

---

(1) Colmar, 2 juillet 1817 (lettre inédite).

a ramenés fort en arrière des lois de 1819, la théorie de l'impunité a fait de grands progrès dans les esprits.

Quel problème, en effet, de contenir la presse sans l'asservir ! Aussi nécessaire que forte, aussi salutaire que redoutable, la presse a été, dans tous les temps, le tourment des hommes d'Etat, et l'écueil comme la condition de la liberté. Comment saisir les manifestations de la pensée sans mettre l'arbitraire dans la loi ? D'un autre côté, s'en tenir à l'impunité, n'est-ce pas l'imprévoyance dans le gouvernement ? Une législation qui ne s'inquièterait pas de la presse laisserait à découvert les fondements mêmes de la société, mais une législation qui prétendrait abriter complétement la société contre les excès de la presse ruinerait la seule garantie efficace des libertés individuelles. « Vous étiez parti des abus de la liberté, » dit M. de Tocqueville, et je vous retrouve sous les pieds » d'un despote. Vous avez été de l'extrême indépendance » à l'extrême servitude, sans rencontrer, sur un si long » espace, un seul lieu où vous puissiez vous reposer (1). »

Dans cette alternative redoutable, le système de l'école libérale de la Restauration était simple : pour éviter l'impunité, laisser dans la loi l'arbitraire ; et pour éviter la tyrannie, ne confier l'application de cet arbitraire à aucun pouvoir, le remettre au jury, c'est-à-dire à la société elle-même, gardienne intéressée à la fois de sa liberté et de son repos. C'était là une sage conception et que l'expérience n'a pas condamnée. On objecte les acquittements systématiques du jury dont notre histoire a fourni l'exemple. C'est peut-être, Messieurs, que les gouvernements ont abusé de la faculté de poursuivre et n'ont pas su se résigner à laisser la presse se discréditer par ses abus. Un gouvernement doit réserver l'arme de la poursuite pour

____

(1) *La Démocratie en Amérique.*

les cas très-rares où l'ordre politique et social est réelle-
ment menacé. Si, malgré cette modération du pouvoir, le
jury persistait à acquitter systématiquement les écrivains,
il serait temps aux adversaires du jury de triompher : mais
ils auraient prouvé du même coup que la France serait
descendue au dernier rang des nations par l'impuissance
de faire usage des institutions libres dans l'intérêt de sa
sécurité.

On était fort éloigné, en 1819, de ces appréhensions
décourageantes. M. de Serre était convaincu de l'efficacité du jury. Il avait vu, avec l'affliction d'un conservateur
éclairé, le discrédit où était tombée la magistrature par
ses jugements politiques. « Le fait parle de lui-même, di-
» sait-il, les poursuites se relâchent, souvent même elles
» craignent de s'élever, lorsque le jugement ne peut pas
» être déféré à un juge dont l'indépendance et l'impar-
» tialité soient tellement établies dans l'opinion, que cette
» opinion vienne d'elle-même au secours de ses arrêts
» et en écarte tout soupçon d'influence étrangère à la
» justice (1). »

Ce n'était point un factieux qui prononçait ces graves
paroles, mais le chef même de la justice, qui en avait à
cœur l'autorité, et qui voyait cette autorité compromise
par l'introduction de l'esprit de parti dans les compagnies
judiciaires. Plus tard, M. de Serre a cessé de marcher
avec le parti libéral : il n'a jamais cessé de défendre le jury
en matière de presse ; son dernier discours a été un effort
suprême pour épargner à la justice de son pays le malheur de descendre des régions élevées, où la place l'opinion
des hommes, dans l'arène politique où elle n'est plus que
l'arme d'un parti.

Après la question du jury, l'une des plus importantes

____

(1) Discours de M. de Serre.

soulevées par la discussion des lois de 1819) était relative
à l'admission de la preuve des faits diffamatoires contre
un fonctionnaire public. M. de Serre aurait voulu
qu'en matière de diffamation la preuve ne fût jamais in-
terdite : « Que chacun, disait-il, recueille le prix de ses
» œuvres : ce résultat est aussi utile que moral. » Mais
cette haute idée que M. de Serre se faisait de la morale et
de la loi, bien éloignée des misérables inventions de notre
temps, lui semblait à lui-même d'une application trop difficile. Elle suppose, en effet, des mœurs plus fortes, plus
mâles que les nôtres, de véritables mœurs publiques.
M. de Serre proposa donc de murer la vie privée, mais il
s'en fallait bien qu'il songeât à tirer de là cette conclusion
ingénieuse : que la vie publique doit à son tour être mu-
rée. « La vie publique des fonctionnaires, disait-il, appar-
» tient à tous, c'est souvent le devoir de chacun de leurs
» concitoyens de leur reprocher publiquement leurs torts
» ou leurs fautes publiques. L'admission à la preuve est
» indispensable (1). »

Ce furent les fonctionnaires qui résistèrent avec le plus
d'énergie, par des arguments auxquels vous êtes accoutu-
més. Il y avait déjà, de ce temps, des hommes investis du
mandat de gérer les affaires du public, qui trouvaient à
la fois plus commode et plus digne d'imposer silence au
public sur leurs sottises ou sur leurs crimes. Les législateurs de 1819, conduits par un ministre libéral, ne se
rangèrent pas à l'avis des fonctionnaires. M. de Serre fit
même rejeter un amendement qui établissait une exception pour le passé : il ne comprenait pas qu'on prétendît
gêner l'histoire, même d'une époque récente, pleine de
troubles, de haines ardentes et de violents sujets d'accu-
sations.

____

(1) Discours de M. de Serre.

Il faut le reconnaître, Messieurs, si jamais une loi qui consacre la liberté des écrivains a pu paraître une hardiesse, ç'a été en 1819, presque au sortir de la Révolution et de l'Empire. Les dispositions que je viens de rapporter passaient pour de grandes innovations aux yeux des conservateurs. Mais quelle innovation plus grande. que le gouvernement constitutionnel! et ne fallait-il pas mettre la presse en harmonie avec tout le système? « Cette heureuse révolution, disait M. de Serre, a ouvert » toutes les bouches, a permis à chacun de s'exprimer li-» brement, et rendu à chacun le nom et le caractère » français, inséparables de la franchise dans les paroles » comme dans les actions (1). »

Sachons rendre justice aux politiques qui, dans les temps les plus difficiles, appelés à établir les assises d'un gouvernement nouveau sur tant de ruines, ont eu l'inspiration heureuse de demander à la liberté la force qui avait fait défaut à la passion d'un peuple et au génie d'un soldat. Si la Restauration est tombée, c'est en d'autres mains et en suivant d'autres principes. Elle était alors à son apogée. Quatre ans après les Cent jours, les cours prévôtales, les lois d'exception et la censure avaient disparu. C'est à cette période, c'est notamment aux lois de 1819 que la Restauration a dû le renom de libéralisme qu'elle a bientôt cessé de mériter, mais qui a survécu à ses fautes et marque sa place dans l'histoire parmi les gouvernements dont la France peut s'honorer.

A M. de Serre revient la plus grande part de cet honneur. Sans doute les lois de la presse avaient été conçues, élaborées par tous les publicistes libéraux : les doctrinaires, chargés de les préparer dans une commission nommée par M. de Serre, avaient tenu à donner à ces lois ce ca-

---

(1) Discours de M. de Serre.

ractère d'ensemble, harmonieux et complet, qui en a fait comme une œuvre d'art en matière de législation. Mais c'est M. de Serre qui les a fait passer avec une rare promptitude des esprits dans l'application ; c'est lui qui, soit au Conseil d'Etat, soit dans les Chambres, en a fixé la portée avec une activité et une autorité dont le souvenir est resté gravé dans l'esprit des contemporains. Au Conseil d'État où, à cette époque, de l'aveu des hommes politiques qui sont le plus profondément entrés dans les affaires, les questions de législation générale étaient traitées avec une indépendance et une hauteur, une profondeur, une science et une philosophie dont ne peuvent donner aucune idée les débats agités et rapides de la tribune, M. de Serre avait montré toutes les ressources de son puissant esprit. Il excellait dans ces discussions préparatoires, charmait les politiques par la largeur de ses vues et les ressources de sa parole, mais inquiétait, accablait les spécialistes, les hommes techniques par la domination de son esprit, l'indépendance de ses idées, le peu de cas qu'il faisait des petits obstacles. A la tribune, il avait déployé, dans la défense des trois projets sur la presse, une ardeur infatigable : toujours sur la brèche, faisant face à tout et à tous, multipliant les observations courtes, décisives, pratiques, s'élevant sans effort aux plus hautes considérations, saisissant les esprits par son éloquence, mais surtout s'emparant des cœurs par son incontestable loyauté.

Il était alors, au milieu de tant d'hommes de cœur et de talent, peut-être un des plus populaires et certainement le plus célèbre. Quand il sortait de la Chambre, la foule se pressait sur son passage. Son nom retentissait dans toute l'Europe, attentive à ce qu'allait faire la France, au lendemain des plus grands désastres, sous la main d'un ministre aussi hardi qu'éloquent, maître d'une popu-

larité qu'il n'avait pas cherchée, et résolu à s'en servir
pour concilier la liberté avec la cause de la royauté légitime.

Qui eût dit alors, Messieurs, que M. de Serre marche-
rait, quelques mois plus tard, à la tête de la réaction et
reprendrait à la France une partie des libertés pour lesquelles il avait victorieusement combattu? Arrivé à ce
point de la vie de M. de Serre, je sens davantage, Messieurs, la difficulté de ma tâche et, suspendu entre la
crainte de m'associer à d'injustes sévérités et une répugnance invincible à partager l'indulgence de certains
esprits pour les changements d'opinions, je vois mieux
que jamais combien il est délicat de trancher avec certi-
tude les questions qui touchent à cette partie de notre
histoire. Je suis convaincu de la sincérité de M. de Serre,
je pense que, dans ce brusque changement, il n'a commis
ni les premières ni les plus grandes fautes. Mais, pour lui
rendre cette justice, je suis obligé de juger sévèrement la
conduite politique de citoyens illustrés plus tard par
leurs services à la liberté. Je ne suis pas surpris que des
hommes comme La Fayette et Manuel ne se soient pas
ralliés à la Restauration ; je ne ferme pas les yeux sur les
vices inhérents à cet essai de liberté moderne sous la dynastie des Bourbons. Que les fautes commises aient été sévèrement critiquées, je le comprends : c'était le rôle de l'opposition. Mais que le parti libéral, sans aucun dessein, sans
aucune espérance d'établir en France la République, se soit
appliqué à rendre le gouvernement impossible et à trans-
former en obstacles invincibles les difficultés naturelles que
devait rencontrer sur son chemin la Monarchie constitutionnelle : c'est ce qu'il m'est impossible de comprendre et surtout d'excuser. Quoi! lorsque après tant de malheurs, tant
d'oppression et tant de honte, la France voyait son gouver-

nement engagé chaque jour plus avant dans les voies de
la liberté, lorsqu'elle respirait, à peine délivrée des fureurs
d'une Convention et des folies d'un Bonaparte, il se ren-
contrait des libéraux pour s'associer aux conspirations
bonapartistes, pour favoriser, pour exalter cette popularité
renaissante, si funeste à la liberté ! Je ne sais si nos
malheurs m'égarent ou s'il me font prendre des lumières
récentes pour d'anciennes vérités ; mais j'éprouve un sentiment d'amère tristesse en songeant à cette condescen-
dance des libéraux pour les aveuglements populaires et
les passions de l'armée. Je ne puis croire qu'il fût légitime
ni politique de sacrifier à ce culte de la force brutale, de
payer un tribut à cette divinité militaire qui avait écrasé
la France ; je ne puis croire qu'il fût moral de laisser le
peuple dans sa funeste erreur sur la cause réelle de
ses maux, de l'entretenir dans ses regrets insensés
du despotisme le plus outrageant pour l'humanité dont
fasse mention l'histoire des temps modernes ! Non,
de telles complicités n'ont pas d'excuse : il fallait les répu-
dier, dût la dynastie des anciens rois se rétablir sous la
protection des libertés publiques. La France a payé cher
ces détestables complaisances des amis infidèles de la
liberté.

M   de Serre devait éprouver plus qu'aucun autre le
ressentiment d'une telle conduite de la gauche. Il s'était
confié à elle, lui avait tendu la main, lui avait prodigué
les avances, s'était presque compromis par son mot
célèbre sur la Convention : il avait espéré que ses lois sur
la presse et tant d'autres projets dont le bruit se répan-
dait dans le public auraient rallié autour de lui les
hommes qu'inspiraient l'amour et le désir de la liberté.
Il avait besoin de cet espoir, ne trouvant nulle part
ai leurs un appui pour sa conduite et ses desseins. Au
lieu de cela, il avait essuyé de la part des journaux l'in-

justice et presque l'outrage ; il avait vu ses grandes concessions libérales effacées dans l'esprit de la gauche, par quelques restrictions apportées à la liberté des journaux ; il avait vu que le besoin, la passion de la popularité avaient ôté à ces défenseurs de la liberté leur indépendance et leur bonne foi ; il en avait été indigné, découragé.

Pourtant, il s'imposait encore quelques ménagements. Mais quand la gauche, ne gardant plus de mesure, ne craignit pas de susciter et de défendre à la tribune des pétitions pour le rappel des régicides, M. de Serre ne se contint plus. Ne vous méprenez pas, Messieurs, sur ma pensée : je suis loin de méconnaître combien il est difficile de porter un jugement sur les hommes qui ont cru devoir, au milieu d'événements terribles, payer un tribut sanglant à leur patrie. Je sais qu'il y eut parmi ces politiques impitoyables de grands citoyens, dont le nom est justement cher à la France. Mais quelque jugement qu'on porte sur leur conduite, on ne doit pas oublier les droits sacrés de l'humanité ; et les hommes qui n'ont pas craint en 1819 d'élever la voix devant Louis XVIII en faveur des juges de Louis XVI, ont sans doute pensé que les rois ont perdu tout droit à ce respect pieux qu'on accorde aux derniers des hommes. C'est dans cette triste discussion que M. de Serre rompit ouvertement avec la gauche. Vous connaissez cette parole foudroyante qu'il fit tomber de la tribune et qui retentit dans toute l'Europe : « A l'égard des individus temporairement exilés, confiance » entière dans la justice et la bonté du roi. A l'égard des » régicides, *jamais* (1). »

Le politique aurait dû retenir sur ses lèvres cette parole : elle s'échappa du cœur de l'orateur. Dès ce moment la guerre fut allumée entre le ministre et la gauche.

______

(1) Discours de M. de Serre.

L'élection d'un régicide obscur qui se trouvait en France
mit le comble au ressentiment de M. de Serre. La preuve
que l'élection de Grégoire fut une faute, c'est que les ultra-
royalistes y avaient concouru : « Plutôt les jacobins que
» les ministériels, disaient-ils, parce que les jacobins
» amèneront une crise. »

Telle fut, Messieurs, l'origine du changement de
M. de Serre : j'explique sa conduite par celle de l'opposition, je ne prétends pas la justifier. Quand on veut
fonder la liberté, il faut s'attendre aux exigences sédi-
tieuses, les affronter, les réduire à l'impuissance à force
d'énergie et de bonne conduite, et, si l'on doit tomber
dans ce combat, il faut tomber au service de la liberté,
qui est la grande cause des peuples. Il était digne de
M. de Serre de tenter une aussi belle fortune : il avait
l'âme assez haute pour se passer du succès.

C'est ici, Messieurs, que, pour juger équitablement
M. de Serre, il convient de pénétrer plus avant dans son
âme et de nous rendre un compte exact de ses idées sur
la politique, sur le passé de la France et l'avenir des insti-
tions libérales.

En politique, M. de Serre n'a jamais été un adversaire
obstiné de la Révolution. « Celui qui n'a pas compris, di-
» sait-il un jour à la tribune, que la Révolution renferme
» plusieurs siècles en elle, cet homme n'a point élevé
» ses pensées assez haut pour concourir à donner des lois
» à la France actuelle (1). » Non-seulement il ne croyait pas
possible, mais même il n'eût pas désiré le retour à l'ancien
régime : royaliste et éloquent, c'est à la tribune qu'il
voulait servir la royauté. Mais, tout en défendant, lorsqu'il les voyait menacés, les hommes et les intérêts sortis

---

(1) Discours de M. de Serre.

de la Révolution, M. de Serre n'aimait pas la Révolution. Or, en politique, la première condition de l'influence, c'est d'aimer les idées de son temps. L'élévation de l'esprit, l'énergie de la volonté, la noblesse du caractère, le don de la parole, n'ont de puissance durable que par cette communauté de désirs avec les hommes sur qui l'on veut exercer son action. Ce n'est point là une apologie de la popularité: c'est une explication, parfois rassurante et parfois triste, de l'échec de plus d'un grand esprit et d'un grand caractère. Il a manqué à M. de Serre, pour accomplir une œuvre durable et pour s'établir fortement dans les esprits, d'adhérer entièrement aux idées et d'avoir dans le cœur les sentiments de la Révolution française.

Mais comment un tel homme aurait-il compris une telle époque? Ce que voulait alors la France m'a paru admirablement résumé par ces paroles rapportées d'un entretien intime du général Foy : « Je veux les mêmes » choses qui sont l'honneur de l'Angleterre, autrement et » plus grandement encore pour la France. Nous ne da- » tons pas du *bill des droits*, mais de 1789 et des grands » *intérim* nationaux qu'avait remplis la royauté sous » Henri IV, sous Richelieu, sous Louis XIV. La France » au lieu du gouvernement par vieux précédents parle- » lementaires et par influences aristocratiques, doit avoir » une tribune éclatante, agissant directement sur l'opinion » du pays, et une administration tirant toute sa force et » son meilleur titre de cette tribune. Avec cela de très- » grandes choses seraient encore possibles, même pour la » vieille dynastie des Bourbons, même avec quelques » émigrés dans le ministère, pourvu qu'ils soient éloquents » comme de Serre, et loyaux et honnêtes comme ce bon » M. de Corday (1). »

---

(1) M. Villemain. — *Souvenirs contemporains*, tome I.

Malheureusement, cet émigré éloquent avait, sur ce qu'il fallait à la France, des vues différentes. Les spectacles de la Révolution auxquels il avait assisté des rangs ennemis, ce qu'il avait souffert et ce qu'il avait vu souffrir autour de lui, l'absence de mœurs publiques et d'esprit politique après la plus puissante revendication nationale ; et, à côté de cet exemple désolant, l'exemple si grand de l'Angleterre sortie de sa Révolution plus libre qu'aucun peuple du monde : d'un côté, l'aristocratie fondant la liberté ; de l'autre, la démocratie tour à tour tyrannique et asservie : tout cela avait porté dans l'âme impressionnable de M. de Serre une conviction qu'il a exprimée à toutes les époques de sa vie.

Étudiez les discours de M. de Serre, vous ne manquerez pas d'être frappés de l'unité en même temps que de la grandeur singulière et chimérique de ses vues. Il voulait un retour partiel à l'ancien régime : il avait dans l'âme une fidélité invincible au vieil ordre de choses et dans le cœur de généreux instincts, dans l'esprit des lumières qui lui faisaient repousser le pouvoir absolu. Attaché au dogme du droit divin, par tendance politique plus encore que par superstition, il croyait pourtant avec le cardinal de Retz *qu'il n'y a que Dieu qui puisse subsister par lui seul, et que les monarchies les plus établies et les monarques les plus autorisés ne se soutiennent que par l'assemblage des armes et des lois* (1). Il travaillait sans cesse en lui-même à relier la liberté à la tradition. Les yeux fixés sur l'ancienne France, il y cherchait avec une passion ardente et une conscience avide les germes des institutions et des droits de la France nouvelle, et il croyait sincèrement les y découvrir. Les rois de France n'avaient pas toujours été absolus comme ils l'étaient devenus avant la Révolution :

---

(1) Mémoires du cardinal de Retz.

il fallait, suivant M. de Serre, régler par des lois écrites
une autorité qui avait été, dans l'ancienne France, tem-
pérée par des coutumes. L'antique société avait pour principe l'association, et c'étaient les associations nombreuses
et indépendantes répandues sur l'Europe qui avaient
donné la dernière forme « à cette organisation forte et
» bien membrée que l'esprit de corps, comme une séve
» vigoureuse, parcourait dans toutes les branches (1). »
Les efforts du monarque pour obtenir le pouvoir absolu
amenant la dissolution de toutes les associations, avaient
nécessité, suivant M. de Serre, la Révolution de 1789 :
accorder à la nation l'intervention dans les affaires publiques, ce n'était que restituer l'exercice des anciens
droits. De là M. de Serre tirait la liberté.

Mais il fallait, en outre, replacer, suivant son expres-
sion, les peuples et les rois sur leurs antiques et éternels
fondements. La Révolution avait eu, d'après lui, un bon
et un mauvais principe : le bon principe avait été le retour
aux droits politiques ; le mauvais principe, le maintien de la
dissolution des associations anciennes, l'exclusion des liens
de dépendance. Chaque individu était isolé. On avait ré-
formé sur ce plan la famille et l'Etat. Cet isolement avait
produit la faiblesse, l'asservissement et l'abaissement moral. « Il n'y eut plus de frein moral suffisant dans la so-
» ciété, disait M. de Serre, car l'honneur, la morale, la
» religion supposent l'union des hommes, leur vigilance
» réciproque, leur subordination dans des rapports cons-
» tants et réguliers. .....L'individu isolé s'abandonne à
» tous ses penchants déréglés. Il devient défiant, incré-
» dule, superstitieux.

» On avait espéré qu'en séparant ainsi le citoyen de
» la corporation, de la cité, de la province, il s'attacherait

---

(1) Discours de M. de Serre.

» davantage à la patrie, et que la destruction de tous
» ces liens, de tous ces sentiments particuliers, tourne-
» rait au bénéfice de l'esprit public et du patriotisme :
» on se trompa. La patrie devint trop grande pour le
» citoyen, l'intérêt public fut placé trop loin du sien,
» il n'en résulta que l'égoïsme... La société, ainsi ré-
» duite à des individus que ne liait aucun ciment d'in-
» térêt commun, présenta une masse facile à ébranler, à
» pousser à toute espèce de sédition. Les révolutions de-
» vinrent faciles et subites. Les gouvernements ne rencon-
» trèrent point d'obstacle dans l'exécution des mesures
» les plus tyranniques : ils ne rencontrèrent également
» point d'appui au premier péril qui les menaça. On vit
» alors cet ascendant funeste de la capitale. Il suffit que
» l'Etat fût frappé là pour que l'on ne trouvât nulle part
» de défense : une fois le centre de l'administration en-
» vahi, il fut impossible de résister sur aucun point du
» royaume. Il y avait bien ailleurs des cœurs et des bras,
» mais ils étaient dans l'impossibilité de s'unir. La France,
» sans institutions, put être comparée à ces plaines de
» sable qui changent de forme et de figure au gré de
» l'aquilon. Ainsi, au premier souffle de la sédition ou de
» l'arbitraire, on vit s'élever ou disparaître nos institu-
» tions fugitives (1). »

N'êtes-vous pas frappés, Messieurs, de la netteté pro-
phétique avec laquelle, dès 1816, M. de Serre aperce-
vait et signalait le plus grand mal de notre temps ?
Dès cette époque il constatait l'impossibilité du gouvernement libre sans les ressorts de la liberté, déplorait l'absence des moyens moraux de gouvernement et croyait
les trouver dans la considération et l'influence des grandes
existences sociales que la Révolution laissait debout. Là

---

(1) Discours de M. de Serre.

n'était point son erreur. Il avait raison de croire qu'une démocratie qui aurait la prétention de se passer des supériorités naturelles et qui condamnerait à l'inaction et à l'impuissance politique la fortune et le mérite personnel, serait le plus dégradant des despotismes et perdrait le pays qui se confierait à elle.

Mais son erreur était de ne point comprendre que ces forces sociales doivent se faire à elles-mêmes leur place, sans le secours d'aucun privilége ; qu'elles sont tenues d'attester, par leurs propres œuvres, la puissance dont elles se vantent, et que la seule différence entre la démocratie oppressive et la démocratie libérale, c'est que l'une tend à abaisser tout ce qui s'élève pour établir sa domination, tandis que l'autre, en imposant à toutes les aristocraties naturelles la perpétuité de la lutte, ne leur en ôte pas les moyens.

M. de Serre ne trouvait de sécurité que dans les sociétés classées ; il voyait dans la France les matériaux d'une société plutôt qu'une société véritable, et il rêvait de reconstruire l'édifice. Le moyen de reconstruction que, dès 1816, il proposait à la tribune, était l'inégalité de droits entre les électeurs. Vous avez vu qu'il refusa son entière adhésion à la loi électorale du 5 février 1817 qui assurait l'influence politique aux classes moyennes. Devenu ministre, et avant sa rupture avec la gauche, avant les élections de 1819, M. de Serre, inquiet de la faiblesse du gouvernement depuis 1814, avait préparé, avec plusieurs hommes attachés à la liberté, un projet de loi sur l'*organisation de la législature*, qui contenait, à tout prendre, un système favorable à l'extension du régime parlementaire. Le nombre des députés était augmenté, les conditions d'âge abaissées, la forme des délibérations élargie, le renouvellement intégral de la Chambre substitué au renouvellement partiel. Mais la tentative de restauration aristocratique apparaissait dès lors dans l'hérédité de la pairie, dans l'institution des grands colléges électoraux et l'attribution aux membres de ces colléges du droit de double vote.

La conviction qui était née dans l'esprit de M. de Serre à son entrée dans la vie publique ne l'a jamais abandonné. Après bien d'amères déceptions et de cruelles blessures, il plaçait en elle sa dernière espérance. Dans le dernier de ses discours, en 1822, il revenait à l'idée de cette *aristocratie constitutionnelle également utile et chère au peuple et au souverain.* « Le gouvernement représentatif, disait-
» il, en a plus besoin qu'aucun autre : il la fera, cette forte
» aristocratie, pourvu qu'on le laisse faire ; tout y cons-
» pirera : influences anciennes et nouvelles, les Chambres,
» l'administration, la justice, la propriété, tout enfin, le
» commerce et l'industrie eux-mêmes par l'accroissement
» des richesses (1). »

Toutes ces idées, tous ces sentiments, qui faisaient le fond des doctrines politiques de M. de Serre s'emparèrent plus fortement que jamais de son esprit, le jour où il se vit abandonné des libéraux : il crut que le moment était venu de mettre à exécution son projet sur la législature. Il chercha à constituer un nouveau ministère qui adoptât ses vues, car plusieurs de ses collègues avaient refusé de porter la main sur la loi électorale de 1817 : il espérait associer M. Royer-Collard et M. de Broglie à l'œuvre difficile qu'il méditait.

Mais il avait usé, dans les combats de la tribune, sa constitution peu robuste : il fut obligé de s'arrêter au milieu de tant de projets : les médecins l'exilèrent à Nice. Lui parti, ni M. Royer-Collard ni M. de Broglie n'entrèrent dans le cabinet. Le gouvernement resta à M. Decazes et à

-----

(1) Discours de M. de Serre.

quelques hommes distingués, mais plus propres à donner de sages conseils dans un État paisible et subordonné qu'à manier les leviers puissants qui soulèvent et mettent en mouvement les nations libres. Peu à peu, les vues de M. de Serre furent délaissées : à la place d'un système politique, on mit un expédient électoral : du grand projet sur la législature rien ne resta, sinon l'abrogation de la loi populaire de 1817. Insensiblement, par la pente naturelle des petits esprits, on tomba dans la petite politique : le talent et la sagesse timide allaient faire plus de mal que n'en auraient fait les erreurs d'un grand et généreux esprit.

M. de Serre était à peine averti de ces changements : on l'en instruisait avec ménagement et on cherchait à s'en justifier auprès de lui par la sombre peinture des événements de l'Europe, qui se remplissait à nouveau de ferments révolutionnaires. M. de Serre était fort hésitant, lorsque éclata la nouvelle de l'assassinat du duc de Berry.

C'est, Messieurs, un signe bien humiliant de notre faiblesse que de tels événements aient eu la puissance de régler parfois la conduite des hommes les plus grands et que la main du plus obscur fanatique puisse, en tant de circonstances, décider du sort d'un État. Je ne parle pas des politiques qui n'ont pas honte d'exploiter le crime pour l'accomplissement de leurs desseins. La sincérité de M. de Serre, à cette heure critique et décisive, ne saurait être contestée. Il crut nécessaire de s'attacher plus fortement à la famille royale, sans s'apercevoir qu'il se détachait lui-même peu à peu de son passé.

Cependant il faut lui rendre cette justice, qu'à la première nouvelle du crime il envoya à Louis XVIII et à M. Decazes des conseils de modération. Il redoutait qu'on ne se laissât trop vite entraîner à faire des lois exceptionnelles : du reste, il était indigné de la conduite des ultra-royalistes

qui, le lendemain du crime, avaient accusé de complicité
M. Decazes. Le plus grand écrivain de cette époque a
souillé son génie par cette odieuse imputation.

Après la retraite de M. Decazes, M. de Serre pou-
vait-il consentir à demeurer ministre? Les nouveaux ministres, M. de Richelieu et M. Pasquier, faisaient de grands
efforts pour le retenir. Dans toutes leurs lettres, ils lui
montraient la Révolution aux portes de la France et maîtresse en Espagne, les bonapartistes qui conspiraient
avec les jacobins, et les amis de M. de Serre qui, par
leurs exigences et leur opposition, venaient en aide aux
séditieux. — De leur côté, MM. Royer-Collard, de Barante, de Broglie, Guizot, pressaient vivement M. de
Serre de refuser l'appui de son autorité et de son talent
à un ministère qui s'était fait un ennemi du parti libéral
sans se concilier le parti royaliste, qui travaillait à une
réaction dont ses adversaires devaient seuls profiter, et,
ne pouvant tromper personne sur sa faiblesse malgré des
apparences de fermeté, deviendrait bientôt l'objet du mé-
pris public (1).

M. de Serre eut vite pris son parti. Les ministres lui di-
saient que la monarchie était en péril, et que lui seul, par
son éloquence, pouvait la sauver. M. de Serre portait
dans toute sa conduite cette intrépidité de caractère qui
fait accepter avec vaillance et souvent avec joie la responsabilité des tâches difficiles. Il se laissa persuader qu'il
tenait dans ses mains le salut de la monarchie légitime.
Sa résolution fut aidée par le goût très-vif qu'il avait pour
le successeur de M. Decazes. Le duc de Richelieu est
un des rares hommes qui aient exercé le pouvoir sans
l'aimer et rendu de grands services publics par patriotisme et avec modestie : c'était l'honneur et la loyauté

---

(1) Correspondance inédite.

mêmes : il portait aux idées modernes plus d'incrédulité que de dédain. Peu propre aux luttes de la tribune, il considérait comme une bonne fortune que le concours de M. de Serre ne lui fît pas défaut.

M. de Serre avait fait à ce qu'il regardait comme son devoir, le sacrifice momentané de son projet. Il rentra à Paris décidé à soutenir la nouvelle loi des élections. Ses amis n'étaient pas encore instruits de sa résolution. Le lendemain de son arrivée, M. Royer-Collard, accouru pour le voir, ne put pénétrer jusqu'à lui : « On me dit hier à vo-
» tre porte, écrivit-il sur le champ à M. de Serre, que
» j'aurais pu vous voir dans la matinée, mais que mon
» laissez-passer était retiré. Je n'en conclus rien si ce n'est
» que vous aviez besoin de repos. Il y a entre nous de
» l'ineffaçable. Nous nous connaissons intimement ; nous
» nous sommes montré nos âmes. Nous n'en serons ja-
» mais à l'apologie... Je vous aime avec tendresse, et plus
» d'une fois les larmes me sont venues aux yeux en son-
» geant à vous. J'y pensais sans cesse en écrivant mon
» discours d'hier, et je regrettais le temps où je vous l'au-
» rais montré et où vous l'auriez approuvé. Rien n'est
» changé, ni dans mes affections, ni dans mes sentiments
» politiques. Je suis prêt à chercher avec vous, à re-
» cevoir de votre conscience ce qui peut terminer cette
» crise. Je ne vous demande que de communiquer avec
» moi par vous-même, par vos impressions et non par
» celles des autres... (1) »

Amis et ennemis, chacun était dans l'attente. Tous les regards se dirigèrent vers lui, quand il vint reprendre sa place dans la Chambre au banc des ministres. L'éloquence était enfin rendue au gouvernement. Quelques jours après, on vit M. de Serre, pâle, la figure altérée par la maladie

______

(1) Lettre inédite.

et par une vive agitation intérieure qu'il s'efforçait de cacher par la gravité de son maintien, se diriger lentement vers la tribune pour répondre à M. de Lafayette. Une foule nombreuse se pressait dans les tribunes et dans les couloirs. Au dehors, des groupes animés attendaient avec impatience les nouvelles de ce mémorable débat.

M. de Lafayette avait dit : « La contre-révolution est
» dans le gouvernement, on veut la fixer dans la Chambre.
» Nous avons dû, mes amis et moi, le déclarer à la na-
» tion. Pensant aussi que les engagements de la Charte
» sont fondés sur la réciprocité, j'en ai loyalement averti
» les violateurs de la foi jurée... Nos contemporains sont
» las de révolutions, rassasiés de gloire, mais ils ne se
» laisseront pas ravir des droits et des intérêts chère-
» ment acquis. Notre jeunesse, l'espoir de la patrie,
» mieux instruite que nous ne l'étions, éclairée de ses
» propres lumières et de notre expérience, ignore les fac-
» tions, n'entend rien aux préjugés, n'est accessible
» qu'aux intentions pures et aux moyens généreux ; mais
» elle veut la liberté avec une ardeur raisonnée, et par
» là plus irrésistible. Que toutes ces générations soient
» laissées, sous la sauvegarde de la liberté constitution-
» nelle, à leurs souvenirs, à leur industrie, à leurs études.
» Il est alors absurde de les craindre, impossible de les
» agiter ; mais ne les obligez pas, en les menaçant de
» perdre tous les résultats utiles de la Révolution, à ressai-
» sir elles mêmes le faisceau sacré des principes d'éternelle
» vérité et de souveraine justice : principes applicables à
» tous les gouvernements libres, et auprès desquels toutes
» les autres combinaisons, personnelles ou politiques, ne
» peuvent être, pour un peuple de bon sens, que des
» considérations secondaires (1). »

____

(1) *Moniteur*.

A ce manifeste, véritable déclaration de guerre, M. de
Serre répondit : « Il est certaines choses que mon devoir
» et mon honneur ne me permettent pas de laisser sans
» réponse. Le préopinant nous a entretenus de deux
» époques : les premiers temps de la Révolution et le mo-
» ment actuel. La première époque appartient à l'histoire,
» et l'histoire, qui la jugera, jugera aussi l'honorable
» membre. L'honorable membre s'est mis à la tête des
» hommes qui ont attaqué et renversé l'ancienne monar-
» chie... Ces temps n'auraient-ils pas laissé à l'honorable
» membre de douloureuses expériences et d'utiles souve-
» nirs ? Il a dû éprouver plus d'une fois, il a dû sentir,
» la mort dans l'âme et la rougeur sur le front, qu'après
» avoir ébranlé les masses populaires, non-seulement on
» ne peut pas toujours les arrêter quand elles courent au
» crime, mais que l'on est souvent forcé de les suivre et
» presque de les conduire (1). »

De telles paroles, adressées à M. de Lafayette, étaient
une injustice. La Chambre tout entière fût émue profondément : la droite acclama le ministre et la gauche comprit que désormais elle n'aurait pas d'adversaire plus
redoutable. Dès ce moment, en effet, commença entre
M. de Serre et l'opposition cette lutte dont le souvenir
vivra tant qu'il y aura une tribune française : lutte ardente,
passionnée, troublée quelquefois par le bruit lointain de
l'émeute, et qui devait achever de briser les forces du
grand orateur.

M. de Serre, au début de cette lutte, se montra décidé
à ne pas ménager ses anciens amis les doctrinaires. Il leur
reprocha durement de s'être alliés avec une faction qu'ils
avaient combattue. Il prononça d'amères paroles en ré-

---

(1) Discours de M. de Serre.

ponse à un discours de M. Camille Jordan, qui faisait alors entendre à la tribune les derniers accents d'une voix consacrée à la défense de la liberté.

Ce n'est pas seulement à la tribune que M. de Serre devait rencontrer l'opposition de ses anciens amis. Au Conseil d'État, où siégeaient plusieurs d'entre eux, leur attitude était la même que dans la Chambre. Tout fonctionnaires publics qu'ils étaient là, ils restaient néanmoins des hommes libres et se croyaient obligés d'exprimer leur pensée tout entière sur les affaires du pays. Il fallait se laisser convaincre par eux ou leur imposer silence. M. de Serre, en sa qualité de garde des sceaux, apprit à MM. Royer-Collard, de Barante et Guizot qu'ils étaient destitués. Cet acte de rigueur marque l'époque la plus douloureuse de la vie de M. de Serre. Il y avait eu, entre M. Royer-Collard et lui, une de ces amitiés que de grandes âmes peuvent seules inspirer et ressentir.

C'est toujours une douce et en même temps une noble chose que l'amitié; mais quand la communauté de vues sur les affaires publiques est le lien qui unit deux esprits élevés, deux cœurs généreux, n'est-il pas vrai que l'amitié emprunte une force particulière à l'amour de la patrie? N'est-il pas vrai aussi que le génie prête à l'amitié je ne sais quel caractère divin qui en fait un des spectacles les plus beaux et les plus salutaires qu'on puisse contempler au monde? M. de Serre et M. Royer-Collard se sont aimés jusqu'à la tendresse. La vie et le caractère de ces deux hommes, en nous donnant le secret de leur amitié, nous font voir comment cette amitié devait se briser d'une manière si cruelle.

M. Royer-Collard, philosophe austère, élevé à l'école de Port-Royal, portait dans la politique toute l'inflexibilité d'une raison rigoureuse, et, difficile pour lui-même comme pour les autres, redoutait la responsabilité du gouverne-

ment en la voyant si mal portée par la plupart des hommes
et s'interdisait d'agir afin d'être plus libre de juger. M. de
Serre, livré à ses sentiments, mais à des sentiments
élevés, était toujours prêt à se porter à la défense de la
cause qu'il avait adoptée, au risque de sa fortune, au
risque de sa gloire. Dans cette disposition hardie et confiante, la moindre infidélité, sous prétexte de sagesse, à
la cause qu'il défendait, lui paraissait ne pouvoir venir
que d'un égoïste orgueil. Tous deux étaient royalistes :
mais l'un voulait l'être par raison, l'autre l'était par dévouement. L'un avait vécu au milieu de la Révolution, et
avait été entraîné un instant par elle. L'autre avait grandi
et combattu dans les rangs des ennemis de la Révolution,
à l'abri du trône exilé. Le sort des Bourbons se confondait
pour celui-ci avec le sort de la France. Celui-là ne devait
pas désespérer de la France, même après que les Bourbons seraient tombés. Quand, au sein du petit groupe
des doctrinaires, apparut dans le lointain l'image d'une
révolution nationale, tous résolurent de rester avec la
nation : M. de Serre n'admit pas l'alternative et résolut
de terrasser à tout prix la révolution.

Vous avez tous lu la lettre si pleine de hauteur et d'a-
mertume par laquelle M. Royer-Collard refusa l'offre d'une
pension que M. de Serre lui avait faite pour adoucir la
disgrâce. M. de Serre et M. Royer-Collard ne se sont jamais revus. Mais, comme avait dit ce dernier, il y avait
entre eux de l'ineffaçable. Plus tard, à la nouvelle de la
mort de M. de Serre, M. Royer-Collard écrivait : « Depuis
» que nous sommes séparés, il n'a pas cessé de me man-
» quer : il me manquera toujours. »

Vous comprenez, Messieurs, que pour prendre une telle
mesure envers un tel homme, il a fallu que M. de Serre
fût engagé bien avant dans sa nouvelle voie. La fin de la
session de 1819 et la session de 1820 resteront célèbres

par l'énergie passionnée des combats qui s'y livrèrent et l'éloquence des orateurs. Jamais peut-être, depuis la Révolution, cette énergie et cette éloquence n'avaient été si grandes. M. de Serre était chaque jour l'objet de violentes attaques et souvent des injures de la gauche. Lui, l'auteur des lois de 1819, venait proposer l'abrogation de ces lois ! Quelle carrière ouverte à ses ennemis ! « Je me rappelle,
» dit le général Foy, qu'en 1819 la loi sur les journaux
» fut longuement et brillamment discutée ; qui a joué le
» plus grand rôle dans cette discussion ? qui a soutenu
» avec le plus de chaleur et, je le croyais alors, avec le
» plus de conviction, l'institution de la liberté de la presse ?
» qui ?... je ne le dirai pas. Les Romains avaient l'habi-
» tude de donner aux lois le nom de ceux qui avaient le
» plus contribué à les faire adopter. A ce titre, la loi de
» 1819 serait la loi *de Serre*, car c'est M. de Serre qui,
» plus que personne, a contribué à l'adoption de cette loi ;
» et c'est le garde des sceaux de 1821 qui vient vous dire
» que le monopole des journaux, que l'oppression de
» la pensée, de l'opinion publique dont les journaux
» sont l'organe, est dans la Charte (1) ! » Vous jugez,
Messieurs, du degré d'impopularité où était arrivé M. de
Serre, et du ton qu'avaient pris les discussions : « Je ne
» viens pas aujourd'hui, disait un autre jour le général
» Foy, réfuter les doctrines de M. le garde des sceaux. Il
» est en politique des situations tellement descendues
» qu'elles ne comptent plus devant aucune opinion (2). »

M. de Serre tenait tête à tous ses ennemis. Il repoussait leurs injures avec hauteur. Disons-le, Messieurs, la dignité, l'éloquence, la grandeur, étaient souvent de son côté. Les haines si violentes dont M. de Serre a été l'objet

(1) Discours du général Foy.
(2) *Ibidem.*

se sont éteintes peu à peu, même dans l'âme de ses contemporains. Ce qui reste de ces débats est un souvenir glorieux pour notre pays. Quel temps, pour la politique et pour l'éloquence, que celui où les adversaires de M. de Serre s'appelaient Foy, Manuel, Benjamin Constant ! Jamais M. de Serre n'a été plus éloquent. L'âme était chez lui maîtresse du corps. Il était mourant et gagnait chaque jour des batailles.

Mais ce n'étaient plus les victoires d'autrefois. Il combattait pour son devoir, mais l'espérance était absente : il avait conscience qu'il déchirait de ses mains les titres de sa gloire et préparait le triomphe de ses mortels ennemis. La sédition grondait dans Paris et la Révolution fermentait en Europe : c'était l'agonie d'un monde lent à mourir comme il avait été lent à s'élever. M. de Serre luttait avec courage, mais sans illusion, et l'on rapporte qu'en 1820, à l'issue de la discussion sur la loi électorale, comme on se réjouissait autour de lui de l'une des plus belles victoires qu'il ait remportées : « Oui, dit-il, nous venons » de donner aux Bourbons dix ans de répit. »

Cependant son isolement lui devenait chaque jour plus douloureux ; il écrivait un jour : « Dans les premiers » temps de ma course politique, j'ai eu des amis en la » supériorité de lumière et d'expérience desquels je me » confiais. Je ne suis plus dans ce cas, et dois me décider » par moi-même (1). » Les royalistes savaient bien que M. de Serre ne leur appartenait pas : chez lui le libéral tendait sans cesse à reparaître. Entre deux discours pleins d'amères invectives contre les séditieux et d'âpres reproches aux doctrinaires, se glissait une apologie de la loi populaire sur l'armée. A chaque instant, la droite était surprise par ces brusques retours : tout en acceptant le

______

(1) Lettre inédite.

concours de M. de Serre, elle lui refusait un appui. Les plus exaltés du parti ne lui épargnaient même pas l'injure. Trop engagé dans la réaction pour revenir sur ses pas, trop honnête pour obéir aux injonctions ou céder aux prières de la droite, trop sincère pour se repentir, M. de Serre a vécu tout ce temps dans la tristesse et la douleur.

Enfin, quand il eut affermi le succès de la réaction, la réaction se hâta de le faire descendre du pouvoir. M. de Villèle devint premier ministre, et M. de Peyronnet remplaça M. de Serre comme garde des sceaux.

A partir de ce moment, M. de Serre, épuisé par la tribune, ne parut que rarement à la chambre. Quand il y venait, il siégeait au centre droit : rarement il rompait le silence ; s'il parlait, c'était pour faire quelques observations qu'il abrégeait le plus possible.

Une fois cependant, il prépara un long discours. Cloué sur son lit de douleur le jour de la discussion, il dicta son opinion et chargea un ami de la lire. Ce discours, qu'on pourrait appeler le testament politique de M. de Serre, est une admirable défense du jury en matière de presse. Sur ce point capital, M. de Serre était resté fidèle à sa première conviction. Les raisons qu'il donnait en 1822, étaient les mêmes qui l'avaient si vivement frappé en 1819. Il s'inquiétait de voir l'autorité des magistrats compromise dans les luttes politiques. Ceux qui traitent si légèrement d'utopie ou de libertinage les doctrines de l'école libérale, feront bien de méditer ces paroles : « Les » écrivains les plus distingués des partis se coalisèrent » contre les tribunaux, ils les attaquèrent tour à tour par » le raisonnement et par la saillie, par le ridicule et le » sarcasme. Réduits à se défendre eux-mêmes, les magis- » trats hésitèrent dans la crainte que les poursuites et

» les procès ne devinssent plus nuisibles qu'utiles. L'opi-
» nion parut incertaine, et la justice s'arrêta.

» Il n'y a aucun remède, Messieurs, à cette position
» fausse et désespérée d'un tribunal permanent, juge uni-
» que des délits de la presse et perpétuellement battu par
» tous les partis irrités. Il sera toujours placé entre l'im-
» puissance et la tyrannie; mais la tyrannie, quand il s'y
» résignerait, ne peut pas résider en lui seul. Il faut
» qu'elle réside en même temps dans toutes les parties et
» dans toutes les institutions de l'empire.

» . . . . . On a sur ce sujet tour à tour exalté et dé-
» précié les cours royales, la question n'est pas là: la
» magistrature française est honorable, elle est pure, elle
» est impartiale dans ses attributions actuelles, bien moins
» à raison des vertus incontestables de ses membres que
» par la nature même de ces attributions qui la tiennent
» religieusement séparée de la sphère politique et la pla-
» cent hors de l'atteinte et de la dépendance des
» partis.

» C'est à ces conditions que nous confions avec sécurité
» à cette magistrature les grands intérêts dont elle
» elle est dépositaire. Les mêmes hommes, transportés
» dans la région politique, y deviendraient ce que nous
» sommes nous-mêmes, c'est-à-dire plus ou moins pas-
» sionnés et partisans, subordonnant tout au point de vue
» politique du moment, décidant tout par ce point de vue
» et non par la vérité et la justice des choses, tout prêts à
» décider demain la même question d'une manière diamé-
» tralement opposée, si demain la majorité se combine sur
» un autre principe. Les grands juges de Westminster
» sont investis d'une immense considération ; ils la doi-
» vent à la science, au talent, à l'intégrité. Il n'est pas un
» Anglais qui ne les honore du fond de l'âme, mais il
» n'en est pas un non plus qui ne frémirait à l'idée de

» voir arracher les délits politiques au jugement par jury,
» pour les attribuer aux juges de Westminster (1). »

Ainsi finit le rôle politique de M. de Serre. Il aurait pu
entrer dans le cabinet de M. de Villèle. Lui-même le dit
dans une de ses lettres intimes : — « Mais, ajoute-t-il,
» l'honneur et ma conviction me le défendaient (2).» Il ne
croyait pas à la durée de ce ministère : du reste, il ne
croyait guère davantage à la durée de cette monarchie
dont il gardait le culte ; il voyait la société ébranlée dans
ses fondements.

Il accepta l'ambassade de Naples et quitta la France en
mai 1822. Il ne suivit pas le conseil de quelques amis
qui l'engageaient à chercher le repos au sein de la pairie ;
il espérait rentrer à la chambre des députés, où l'attirait,
comme par une fascination invincible, cette tribune reten-
tissante qu'il avait illustrée. Mais, combattu par tous les
partis, et surtout par le gouvernement, il n'eut pas le
crédit de se faire réélire. Ce fut pour lui un étonnement
douloureux.

Après avoir fait une courte apparition au congrès de
Vérone, il revint à Naples. Là il se livrait tantôt à la
méditation solitaire, tantôt à la douceur des entretiens
intimes qu'il faisait toujours retomber sur les affaires
publiques. Il interrompait ses tristes réflexions par la
lecture de Virgile, des œuvres philosophiques de Cicéron
et de l'Histoire des Variations de Bossuet. Cette dernière
lecture le captivait ; son âme élevée avait besoin des
espérances religieuses ; il employait ses derniers jours
à affermir sa foi. Les approches de la mort eussent été
douces pour lui sous le ciel de Naples, devant l'un des

(1) Discours de M. de Serre.
(2) Lettre inédite.

plus beaux spectacles de la nature, sans le retour des crises douloureuses de sa maladie. Le 21 juillet 1824, il mourut à Castellamare, au milieu de cruelles souffrances qu'il supporta avec une fermeté douce et toute chrétienne.

Malgré ses défauts et ses faiblesses, M. de Serre restera l'une des plus grandes figures de la Restauration. Ce qui lui a manqué était compensé et en quelque sorte racheté par tant d'admirables qualités, qu'on est tenté de se demander si ses défauts n'ont pas été comme le prix de ses vertus. Nul homme par exemple n'a été plus sincère que M. de Serre: mais cette sincérité, qui a placé si haut son caractère, n'a pas toujours servi sa fortune politique. Trop prompt à se laisser conduire par de vives impressions, d'un esprit plus méditatif que pratique, moins jaloux de soustraire sa conduite que ses idées à l'influence de ses amis, la nature, si prodigue envers lui, lui avait refusé ce grand art de conduire les hommes, qui demande plus d'habileté que de grandeur et qui est la qualité maîtresse de l'homme d'Etat.

Comme orateur, M. de Serre n'a rien à envier aux plus illustres de ses rivaux : il les a tous surpassés. Magistrale et passionnée, à la fois facile et forte, sa parole a surpris ses contemporains. On n'était pas habitué à cette manière vive et naturelle, quoique pleine de gravité. M. de Serre improvisait ses discours. Il savait plier son langage aux discussions les plus variées; il excellait à mettre en relief une idée générale, à dégager un principe philosophique; il n'était pas moins habile à exposer clairement le mécanisme d'une loi ou à faire pénétrer ses auditeurs dans les détails d'une affaire compliquée. Politique, finances, lois civiles ou criminelles, il abordait tout à la tribune avec la même aisance et la même supériorité. Les défauts de son éloquence ne sont que les défauts de son caractère. Il se laissait entraîner parfois au-delà du but, comme s'il eût cru qu'on peut tout dire, à condition d'être toujours sincère. On retrouve dans sa manière passïonnée quelque chose qui rappelle l'éloquence des orateurs de la Convention : mais M. de Serre avait plus de simplicité.

Messieurs, le Conseil de notre Ordre, en me chargeant de prononcer ici l'éloge de M. de Serre, a voulu rendre hommage à son éloquence. Il a voulu surtout honorer son caractère. Quelque jugement que vous portiez sur les idées de M. de Serre, sa vie a droit à votre admiration. C'est notre devoir à tous de nous incliner devant les hommes convaincus qui restent fidèles à leur foi. Vous honorerez donc en M. de Serre cette fidélité à une même cause. Qu'importe que ce soit la cause d'une dynastie ! Celle des Bourbons du moins, et comment pourrions-nous l'oublier en ce moment (1)? a su inspirer la fidélité à de grands cœurs, capables d'aimer la liberté.

____

(1) Quand ce discours a été prononcé, le barreau venait d'être frappé par la mort de M. Berryer.

IMPRIMERIE CENTRALE DES CHEMINS DE FER. — A. CHAIX ET Cⁱᵉ, RUE BERGÈRE, 20. A PARIS.— 14324-8.